CAPSULE 2

Nicole Bolduc

Données de catalogage avant publication (Canada)

Bolduc, Nicole, 1950–

    Capsule 2

    Français 2e année du primaire.

    ISBN 2-89113-553-9 (v. 1) – ISBN 2-89113-554-7 (v. 2)

    1. Lectures et morceaux choisis (Enseignement primaire). I. Titre II. Titre : Capsule deux.

PC2115.B658 1994   448.6   C94-941042-X

Les éléments de sécurité routière présentés dans ce manuel de lecture ont été approuvés par la Société de l'assurance automobile du Québec. Le 1er décembre 1994.

Chargé de projet : André Payette
Direction artistique : Marguerite Gouin, Sylvie Richard
Typographie : Lise Marceau
Conception graphique : Olena Lytvyn
Montage : Marguerite Gouin
Maquette de la couverture : Guylaine Bérubé
Recherchistes (photos) : Chantal Caux, Sylvie Richard
Révision : François Morin, André Payette
Correction d'épreuves : Viviane Houle, Marie Théorêt
Textes : Chantal Cloutier (manuel de lecture A) : p. 16-18, 19, 31-33, 34; Pol Danheux : p. 29, 39; Michèle Morin : p. 48-50, 82-84; Marielle Payette : p. 13, 24-25, 54-55; Claire St-Onge : p. 16-17, 40-42, 45, 62-64, 68-69; Marie Théorêt : p. 26, 36-38, 58-60, 72-73, 74-75, 76-78.
Illustrations : Marie-France Beauchemin : p. 27, 35, 45, 68-69, 79, 85; Nicole Lafond : p. 14-15, 24-26, 29, 36-38, 61; Josée La Perrière : p. 22-23, 46-47, 58-60, 85; Diane Mongeau (coloriste : Robert Séguin) : couverture et p. 1-3, 18-21, 34, 48-50, 56-57, 65, 66-67, 82-84, 86-87, 88-89, 90-92; Bruno St-Aubin : p. 16-17, 46-47, 54-55; François Thisdale : p. 13, 39, 62-64, 80-81; Anne Villeneuve : p. 40-42, 53, 72-73.
Photographies : Alain Florent : p. 10-11; Claudette Fontaine : p. 30; François Frigon : p. 76-77; GPA Films, Patrick Jérôme : p. 76-77; Insectarium de Montréal : p. 71, R. Meloche : p. 70 (monarque), C. Nagano : p. 70 (arbre); Institut de tourisme et d'hôtellerie du Québec : p. 26; MAPAK : p. 43-44; Odile Martinez : p. 25, 28; Les Producteurs laitiers du Canada : p. 51-52.
Sélection des couleurs : Graphiques HIT

Nous reconnaissons l'aide financière du gouvernement du Canada par l'entremise du Programme d'Aide au Développement de l'Industrie de l'Édition (PADIÉ) pour nos activités d'édition.

Capsule 2
(manuel de lecture B)

© Modulo Éditeur, 1995
233, av. Dunbar
Mont-Royal (Québec)
Canada H3P 2H4
Téléphone (514) 738-9818 / 1-888-738-9818
Télécopieur (514) 738-5838 / 1-888-273-5247
Site Internet : www.groupemodulo.com

Dépôt légal — Bibliothèque nationale du Québec, 1995
Bibliothèque nationale du Canada, 1995
ISBN 2-89113-554-7

Imprimé au Canada
5 6 7 8 9 09 08 07 06 05

Table des matières

Veaux, vaches, cochons...

Vie de bébé

Le Club des écolous

Sous le grand chapiteau

Bientôt, les vacances !

Les nouveaux supertrucs de Calou

J'ai appris d'autres supertrucs pour la lecture !

1 J'observe la majuscule et le point pour repérer les phrases.

Je m'appelle Calou. Je suis en deuxième année.

2 Je lis par groupes de mots.

La petite souris Grisemine — aime beaucoup — son ami Calou.

3 Je retiens ce qui est important dans la phrase que je lis.

Mon amie Marie aime beaucoup les pommes, les bananes, les oranges et les fraises.

Marie aime les fruits.

Pour lire des mots, j'emploie tous mes autres supertrucs. Les reconnais-tu ?

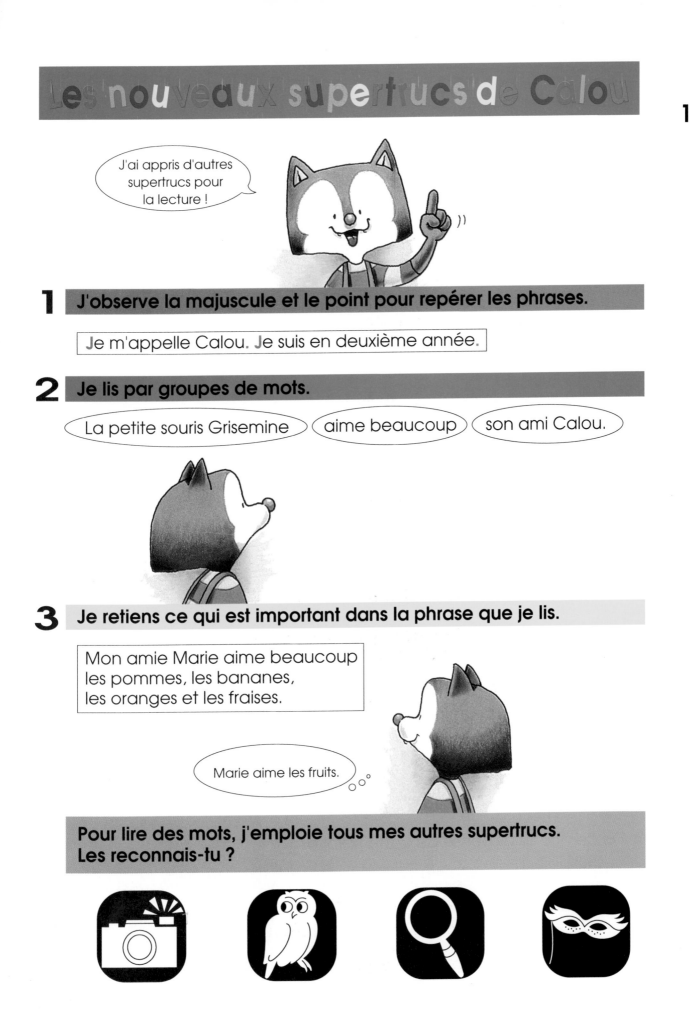

Les conseils de Robert

pour lire une histoire

Avant de lire :

● Lis le titre et regarde les illustrations.

● Essaie de deviner ce qui va se passer dans l'histoire.

> Qui sont les personnages importants ? Qu'est-ce qui va leur arriver ?

Pendant que tu lis :

● Assure-toi de comprendre ce que tu lis.

● Retiens ce qui est important pour bien suivre l'histoire.

● Essaie de prévoir la suite de l'histoire.

● Pense à ce que tu connais pour mieux comprendre.

● Utilise tes supertrucs si tu as de la difficulté à lire un mot ou une phrase.

Quand tu as fini de lire :

● Vérifie si tu te rappelles de ce qui s'est passé dans l'histoire.

> Je connais les personnages. Je peux raconter dans mes mots ce qui s'est passé.

> C'est une belle histoire. La petite fille ressemblait à mon amie Marie.

● Dis ce que tu as pensé de cette histoire.

Les conseils de Robert

pour lire un texte informatif

Avant de lire :

● Demande-toi pourquoi tu veux lire ce texte.

> Qu'est-ce que je veux savoir ? Qu'est-ce que j'ai à faire ?

● Cherche de quoi parle le texte.
— Regarde les illustrations.
— Lis le titre et les sous-titres.

● Pense à tout ce que tu sais déjà sur le sujet.

Pendant que tu lis :

● Rappelle-toi de ce que tu cherches.

● Cherche des indices qui vont t'aider.

> Je trouve des informations dans le texte, dans les illustrations, mais aussi... dans ma tête !

● Utilise tes supertrucs.

● Vérifie si tu comprends bien ce que tu as lu.

Quand tu as fini de lire :

● Vérifie si tu as trouvé ce que tu cherchais.

● Redis dans tes mots ce que tu as appris.

● Réponds aux questions ou fais l'activité.

Zunik quitte Montréal pour New York. Il est très excité, et il a peur aussi d'avoir oublié quelque chose de très important. Qu'est-ce que c'est ?

Le voyage de Zunik

de Bertrand Gauthier, illustré par Daniel Sylvestre

Ce matin, je suis très nerveux, beaucoup plus nerveux que d'habitude. Mais il faut me comprendre.

Depuis quelques mois, ma mère vit à New York. Et elle vient de m'inviter. Ce n'est pas la première fois qu'elle m'invite, mais c'est la première fois que je peux y aller. Ce sera aussi la première fois que je prends l'avion pour me rendre dans un autre pays.

J'ai bien hâte de pouvoir serrer ma mère dans mes bras. Oui, j'ai tellement hâte de lui remettre mon beau wawazonzon de la Saint-Valentin. Ce dessin-là, je l'ai fait juste pour elle. C'est pourquoi il ne faut pas que je l'oublie.

— Papa, on ne peut pas partir, je ne trouve pas mon wawazonzon.

— Zunik, je l'ai déjà mis dans ton sac à dos, me précise mon père.

Je ne suis pas rassuré et j'insiste encore auprès de François.

— Puisque je te dis, Zunik, que je m'en souviens très bien. Hier soir, j'ai déposé ton wawazonzon bien au fond de ton sac à dos.

Ouf ! on peut donc quitter la maison et se mettre en route vers l'aéroport. Dans l'auto de mon père, j'écoute distraitement Ariane Arbour.

Ariane, c'est la fille d'Hélène. Hélène, elle, c'est l'amie de mon père.

— Zunik, j'espère que tu n'as pas oublié ton parachute, me dit Ariane. Quand tu seras rendu dans les airs, ce sera plus utile d'avoir un parachute qu'un wawazonzon.

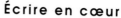

Pendant tout le trajet, je n'arrête pas de penser à ma mère. Je souhaite tant qu'elle aime mon wawazonzon. Oui, si elle l'aime, elle sera alors bien fière de moi.

— À ta place, Zunik, j'y serais allée en autobus à New York, tente de m'expliquer Ariane. Tu devrais savoir que l'autobus, c'est bien moins dangereux que l'avion.

Dans ma tête, j'imagine maintenant que ma mère encadre mon wawazonzon. C'est vrai, s'il était suspendu au mur de son salon, mon wawazonzon serait tellement plus beau.

— En tout cas, continue à raconter Ariane, quand je prendrai l'avion, ce ne sera pas pour survoler les maisons. Non, Zunik, moi, quand je m'assoirai dans un avion, ce sera pour traverser les grands océans.

Rendu à l'aéroport, je me sens devenir encore plus nerveux.
Au comptoir de la compagnie Air Éclair, une agente de bord
m'invite à la suivre. Là, il est temps de dire au revoir à mon père.
En me serrant dans ses bras, François me murmure à l'oreille :

— Et n'oublie pas, mon trésor, de me revenir la tête
     remplie de wawazonzons de toutes les couleurs.

À son tour, Ariane me souhaite un bon voyage.
Puis, en se retournant une dernière fois, elle me crie :

— Zunik, j'espère bien que tu n'as rien oublié.

Subitement, je ne peux m'empêcher de penser que j'ai oublié quelque chose. Je me dis
que je n'aurais pas dû me fier à mon père.
Ce matin, avant notre départ, il était aussi
énervé que moi.

Maintenant, j'en suis sûr, j'ai oublié mon wawazonzon. Malheureusement, il est trop tard pour retourner le chercher à la maison.

Aussitôt assis dans l'avion, je décide quand même de vérifier. Après tout, je n'ai plus rien à perdre.

Ouf ! je m'aperçois que je me suis inquiété pour rien. Tout au fond de mon sac à dos, le wawazonzon est bien là.

Merci, François !

Je l'aime donc, mon père, quand il s'occupe aussi bien de moi !
Et je l'aime donc, ma mère, quand elle m'invite chez elle !

(Cette histoire est une adaptation libre de l'album *Zunik* dans *Le rendez-vous*, publié aux Éditions la courte échelle, Montréal, 1994.)

- Comment s'est passé le départ de Zunik pour New York ?
- Qu'est-ce que c'est, un wawazonzon ?

Bertrand est l'auteur qui a créé Zunik et plusieurs autres personnages très populaires. Je l'ai rencontré pour lui poser toutes sortes de questions sur son métier. Voici ce qu'il m'a répondu.

Rencontre avec Bertrand Gauthier, auteur

Bertrand, comment trouves-tu tes idées pour écrire tes livres ?

Les idées me viennent de différentes façons. Parfois, ce sont des sensations ou des souvenirs que j'ai emmagasinés dans ma tête il y a des années, à la suite d'un voyage ou de rencontres. Parfois, j'écris à partir d'un thème : le hockey pour Zunik, par exemple, où je montre qu'il n'est pas nécessaire de toujours gagner. Pour écrire *Panique au cimetière*, je suis parti de cette seule phrase qui me revenait toujours en tête : « Mais que faisait donc Mélanie Lapierre dans un cimetière en pleine nuit ? »

Je peux aussi avoir une idée plus générale, qui pique ma curiosité. C'est comme ça que j'ai créé mes jumeaux. Les jumeaux identiques m'intéressent. Je trouve que ce sont des personnages très intéressants pour faire des histoires.

Qu'est-ce que tu trouves le plus difficile dans ton métier ?

Le plus difficile, c'est de me mettre à l'écriture quand je n'ai pas écrit depuis des mois. C'est d'écrire la première version d'une histoire. La première semaine, je m'arrête souvent. Je lave la vaisselle, je sors marcher et je me parle pour m'encourager. Quand on écrit, on est seul avec soi-même et ce n'est pas toujours facile.

Une fois que j'ai écrit les trois quarts d'une histoire, je suis sûr qu'elle est complètement ratée. C'est comme ça pour tous mes livres. C'est décourageant, mais maintenant je suis habitué. Je sais que c'est seulement un mauvais moment à passer.

À quel endroit écris-tu tes livres ?

J'écris chez moi, à la maison, devant la fenêtre, dans une toute petite pièce. J'écris toutes mes histoires à l'ordinateur. Et j'ai besoin de silence. Je n'écoute jamais de musique quand j'écris. Ça m'empêche de me concentrer.

Alain Florent

Est-ce que tu as toujours aimé écrire ?

Quand j'étais jeune, j'aimais surtout les sports et je lisais des bandes dessinées. J'ai commencé à écrire des choses plus personnelles, des poèmes, pendant mon adolescence et j'ai écrit mon premier livre beaucoup plus tard. En fait, je n'aurais jamais pensé que je deviendrais auteur un jour.

Alain Florent

Est-ce que tu rencontres souvent tes lecteurs ?

Je les rencontre pendant les salons du livre et leurs réactions me font très plaisir. Ça me stimule beaucoup, et même un peu trop. Après ces rencontres, tous mes personnages s'excitent et se bousculent dans ma tête. Ils veulent tous que je les mette dans une autre histoire. Il faut que je leur dise : « Du calme, les amis, un seul à la fois ! »

Quels conseils donnerais-tu à des jeunes de deuxième année qui veulent écrire des histoires ?

Je leur dis d'abord d'être patients. Les jeunes d'aujourd'hui sont habitués aux jeux vidéo, aux clips, aux films pleins de rebondissements et d'effets spéciaux. C'est tout le contraire de l'écriture. Quand on écrit, il faut se concentrer et ne pas avoir peur de réécrire plusieurs fois une histoire pour l'améliorer. Je les encourage aussi à faire lire leurs histoires à des lecteurs comme je le fais. On peut avoir de très bonnes idées, mais elles ne servent à rien si nos lecteurs ne les comprennent pas. C'est pour des lecteurs qu'on écrit des histoires. Il ne faut pas l'oublier.

Rébus d'amour

Essaie de lire ces messages d'amour.

Depuis   long —   , mon   bat

pour   , mon

- Qu'est-ce que tu as trouvé le plus intéressant dans cette entrevue ?
- Quels conseils Bertrand donne-t-il aux jeunes auteurs ?

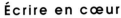

Zunik a offert un dessin à sa mère pour la Saint-Valentin. Veux-tu fabriquer une carte originale pour dire à ton père et à ta mère que tu les aimes beaucoup ?

Souris en cœur

Matériel

- du carton de bricolage
- des ciseaux
- des crayons-feutres
- un bout de laine d'environ 15 cm
- de la colle

Consignes

1. Plie le carton en deux, dans le sens de la longueur.

2. Trace un demi-cœur sur le carton plié, comme sur le dessin.

3. Découpe le carton en suivant bien la ligne que tu as tracée.

4. Découpe un cœur en papier et écris ton message d'amour. Colle-le sur le cœur en carton.

5. Dans les retailles de carton, découpe une oreille de souris. Colle-la au bout pointu du cœur.

6. Dessine le museau, l'œil et les moustaches de ta souris.

7. Colle le bout de laine pour faire la queue de ta souris.

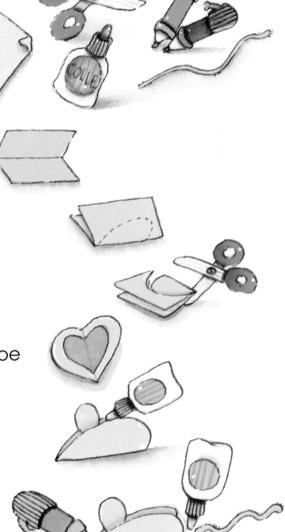

- Comment pourrais-tu faire une carte-chat ?
- Cherche dans des livres d'autres idées de cartes originales.

Laura est journaliste.
Elle fait une enquête pour
connaître les activités
de loisir de différentes
personnes. Lis ce que ces
personnes lui ont répondu.

Une enquête

Giovanni

J'adore le dessin et la peinture.
Depuis que je dessine et que
je peins, je vois mieux les belles
choses qui m'entourent.

Luc et Luce

Notre passion à nous, c'est le
voyage. Nous avons visité toutes
les provinces canadiennes l'an
dernier. Cette année, nous allons
au Mexique. Nous aimons voir
de nouveaux paysages et rencontrer de nouvelles personnes.

France

Pendant mes temps libres, je fais de l'artisanat et du bricolage. Je suis
en train de construire un village miniature. Ça prend beaucoup de
patience et d'habileté, mais ça me détend. Quand je construis mon
village, j'oublie tous mes soucis.

Caroline

Toutes les fins de semaine, nous faisons du ski avec maman. C'est une championne. Nous aimons surtout skier dans les bosses. Nous voulons bien nous entraîner pour faire de la compétition l'an prochain. C'est tellement excitant.

Sébastien

La chose la plus importante pour moi, c'est la musique. J'en écoute toute la journée. Je joue aussi de la batterie dans un groupe. La musique m'aide à exprimer ce que je ressens.

Gabriella

Mon passe-temps préféré, c'est les jeux vidéo. Je peux passer des heures à jouer à un jeu que j'aime. Bien des adultes disent que les jeux vidéo sont mauvais pour les jeunes. Moi, je ne suis pas d'accord. Les bons jeux m'aident à développer mon intelligence, mon raisonnement et mes réflexes.

Léo

Je pêche depuis que j'ai cinq ans. C'est une vraie passion. Ce que j'aime le mieux, c'est m'asseoir l'hiver sur le lac gelé, ma canne à pêche à la main. La pêche m'a fait connaître les merveilles de la nature.

- Quelle activité de loisir chaque personne préfère-t-elle ?
- Interroge les gens autour de toi pour savoir quel est le loisir qu'ils préfèrent.

Après bien des déceptions, Piko finit par se découvrir un talent très spécial. Quel est ce talent ?

Le talent de Piko

C'est dimanche. Piko part jouer au hockey au centre sportif. Il amène son petit chien Molière.

Sur la patinoire, Piko fait de gros efforts, mais il n'arrive pas à se tenir sur ses patins et il ne touche pas une seule fois à la rondelle. Il est découragé.

— Comme tu as de la chance d'être habile dans les sports ! dit Piko à son ami Justin. Moi, j'ai l'air d'un clown sur la patinoire !

Piko fait toutes sortes de gestes ridicules pour imiter un clown qui joue au hockey. À côté de lui, Molière se dresse sur ses pattes et hurle de toutes ses forces. Tout le monde trouve Piko et Molière très drôles.

— Tu as sûrement un talent toi aussi, lui dit en riant son ami Justin. À toi de le découvrir !

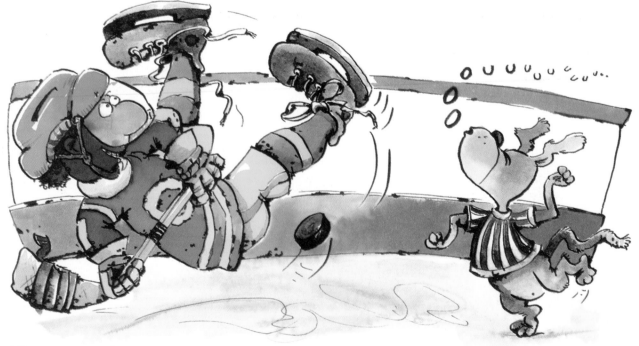

Piko se rend ensuite chez Mélissa et Fanny. Les deux sœurs jouent de la flûte. Piko essaie de les accompagner à la guitare, mais il se trompe tout le temps. Il est découragé.

— Comme ça semble facile pour vous deux ! Si seulement j'avais votre talent ! Mais je ne sais ni jouer au hockey, ni nager, ni faire de la musique, ni dessiner. Écoutez le grand Piko fausses notes !

Avec sa guitare, Piko imite un chanteur qui danse avec son micro en faisant de grands gestes ridicules. Mélissa et Fanny rient aux larmes.

En voyant Piko, Molière se dresse sur ses pattes et fait quelques pas de danse lui aussi.

— Regardez Molière, dit Piko à ses amies. Même mon chien a plus de talent que moi !

— Comme vous êtes drôles tous les deux, dit Mélissa. Piko, sais-tu que pour faire des imitations comme tu le fais, il faut beaucoup de talent ? Je suis sûre qu'un jour tu seras un grand comédien !

— Tu crois ? demande Piko en rougissant.

— Bien sûr, répondent en même temps Mélissa et Fanny.

Piko remercie ses amies pour leurs encouragements.

— Viens, Molière ! dit Piko, tout content.
Nous avons beaucoup de travail à faire,
toi et moi...

● Quel est le talent spécial de Piko ? Comment l'a-t-il découvert ?
● D'après toi, est-ce que tout le monde possède un talent particulier à développer ?

L'école des Grands Prés lance un défi à l'école des Papillons pour les compétitions du carnaval.
Quelle école va remporter le championnat ?

Le grand défi !

Des insultes

Tout a commencé par une lettre pas très gentille envoyée à l'école des Papillons. La lettre disait :

« Notre équipe de hockey est la meilleure. On va gagner toutes les compétitions du carnaval. On va vous donner une bonne leçon ! »

La lettre venait de l'école des Grands Prés, que Calou appelait souvent « l'école des Grands Bébés ».

— On ne va pas se laisser faire, les amis, dit Calou à Marie et à tous les autres. On a une semaine pour s'entraîner. Allons-y, les Papillons !

L'équipe des Papillons est vite formée, avec les meilleurs joueurs de l'école. Et c'est Calou qui sera l'entraîneur !

Le grand jour

C'est le jour du carnaval. Tout le monde est à la patinoire pour assister au match de l'année. Marie garde les buts. Félix, le champion marqueur, joue au centre. Derrière le banc, Calou est resplendissant. Il a mis son beau survêtement bleu et il mâche une énorme boulette de gomme.

Trriiiiit ! La première période commence. Félix joue de son mieux et Marie fait des arrêts extraordinaires, mais l'autre équipe est très forte. À la fin de la période, l'équipe des Grands Prés mène 3 à 1.

La défaite

Pendant la deuxième période, Calou fait tout ce qu'il peut pour encourager son équipe. Il crie, il siffle, il donne des coups de pied sur la bande. Il dit aussi sa façon de penser à l'arbitre ! Calou reçoit un sévère avertissement pour conduite anti-sportive ! Tout va mal ! Les adversaires mènent maintenant 5 à 1.

C'est encore pire à la troisième période. Félix marque deux beaux buts, mais l'équipe des Grands Prés en marque tout de suite trois autres. Et puis soudain, il y a l'accident.

Calou était monté sur le banc pour crier quelque chose à Sébastien quand il a reçu la rondelle en plein front. Calou tombe dans les pommes. On l'emmène à la clinique. Les Papillons perdent 3 à 8 !

Le découragement

Dans le vestiaire, les Papillons ont
la mine bien basse. Ils ont perdu,
et ils sont inquiets pour leur ami Calou.
Plus personne n'a envie de participer
aux activités du carnaval. Heureu-
sement, Robert vient les encourager.
Ils retournent à la patinoire pour suivre
les autres compétitions.

Des victoires

Après le hockey, il y a eu le ballon sur
glace. L'équipe des Papillons a gagné.
Ensuite, il y a eu le concours de danse
sur glace. Éva et Alberto, de l'école
des Grands Prés, remportent toutes
les médailles.

Et puis... grosse surprise ! Voilà Calou qui
apparaît sur la patinoire pour la course
de vitesse. Tout le monde applaudit !

Calou a l'air en pleine forme !
Il gagne facilement les trois courses.
Il est vraiment le champion de la vitesse.
Encore de précieux points pour les
Papillons ! Mais l'école des Grands Prés
mène toujours.

Une médaille de glace

Tous les enfants sont maintenant dans la cour de récréation, avec les parents. Le directeur annonce la compétition finale : les sculptures de glace.

On enlève les draps qui cachaient les sculptures. Quel beau travail ! L'équipe d'Élise a sculpté toutes sortes de personnages de contes dans la neige, avec des châteaux, des rois, des reines, des ogres. C'est une vraie merveille. Grâce aux belles sculptures, les Papillons ont maintenant autant de points que l'école des Grands Prés.

Tous les enfants se rendent maintenant à la cafétéria pour la grande fête de l'amitié. Vive le carnaval !

- Raconte comment s'est déroulée la compétition.
- Un des personnages de glace se met à bouger. Imagine la suite.

Sur ma planète, il y a des Zouzous. Ce sont de petites créatures gentilles, mais pas très intelligentes. Devine quelles sont leurs activités préférées.

Jeux de Zouzous

L'hiver, les petits Zouzous s'amusent à faire tomber les gros glaçons. Le Zouzou qui fait tomber le plus gros glaçon est le gagnant.

Les Zouzous adorent glisser n'importe où avec leurs belles soucoupes. Ils ont souvent de mauvaises surprises !

En hiver, les Zouzous adorent se promener quand il fait très noir. Comme on ne les voit pas, il y a souvent des accidents.

J'ai dit aux Zouzous de ne pas mettre leur langue sur du métal quand il fait froid. Crois-tu qu'ils m'ont écoutée ?

Les petits Zouzous jouent dehors pendant des heures sans porter de tuque. Ils ne veulent pas cacher leurs belles oreilles.

Les Zouzous adorent patiner sur les lacs et les étangs gelés. Ils disent qu'il n'y a pas de danger, parce que la glace est solide.

Les conseils de Maxipou

Le soir, après l'école, je me rends vite à la patinoire pour regarder mes amis terriens jouer au hockey. Je suis contente de voir que mes amis sont aussi bien protégés que je le suis quand je mets mon costume spatial.

le casque et le masque

la coquille

les jambières

les protège-coudes

les épaulettes

la culotte de hockey

les gants

- Que penses-tu du comportement des Zouzous ?
- Est-ce que les Terriens et les Zouzous se ressemblent ?

Sais-tu ce que mangent les enfants japonais, ivoiriens et mexicains de notre âge ? Yohio, Adjoua et Marcella vont nous l'expliquer en nous présentant des mets typiques de leur pays.

Mon assiette, ton assiette

Japon

Bonjour ! Je m'appelle Yohio. Je suis japonais. Tous les jours, je mange du riz. Au déjeuner, je mange aussi du misoshiru. C'est du bouillon de poisson. Pour dîner, maman me donne souvent du poisson salé. Comme tous les petits Japonais, je mange aussi beaucoup de poisson cru. Avec le poisson, maman me donne du tsukudani. Ce sont des légumes cuits dans de la sauce de soya.

Pour le souper, je mange encore du poisson ou du poulet, et parfois du porc. Je bois du thé, avant, après et pendant mes repas. Pour dessert, on me donne des fruits ou du gâteau.

Chez nous, les aliments sont présentés avec soin. La nourriture ne doit pas seulement être bonne à manger; elle doit aussi être belle à voir.

Institut de tourisme et d'hôtellerie du Québec

Côte-d'Ivoire

Bonjour ! Je m'appelle Adjoua. Je suis ivoirienne. À la maison, je mange souvent du poisson. Parfois, je mange de l'agouti; c'est un animal qui ressemble un peu à un castor. Avec le poisson ou la viande, je mange du couscous. Le couscous est fait avec du blé. C'est un peu comme du spaghetti en petits grains. Parfois, je mange du kedjenou. C'est du poulet cuit avec des oignons et des tomates. Maman prépare le kedjenou dans le canari. Le canari, ce n'est pas un oiseau. C'est un chaudron de terre.

Ce que je préfère, c'est le foutou. C'est une pâte de bananes, d'ignames ou de manioc. Le manioc est une farine faite avec les racines d'un petit arbre de chez nous.

Tu trouves que mes aliments ont de drôles de noms ? Savais-tu qu'en Afrique certaines personnes boivent une sorte de bière qu'on appelle « pipi ». Moi, je préfère boire du bon lait de coco.

Voici un autre de mes plats préférés : le yassa. C'est du poulet mariné dans du citron qu'on fait braiser et qu'on sert avec des légumes. C'est un plat sénégalais.

Odile Martinez

Mexique

Je m'appelle Marcella. Je suis mexicaine. Ce matin, j'ai mangé des bananes frites, du riz et des tortillas. Des tortillas, ce sont des espèces de crêpes faites avec de la farine de maïs. Ici, on mange des tortillas à la place du pain. J'ai bu du lait de noix de coco.

À midi, avec les tortillas, maman a servi des frijoles. C'est une purée de haricots noirs salés et piquants. J'ai aussi mangé du guacamole. C'est aussi une purée, mais faite avec des avocats, des tomates, des oignons, de l'huile et du jus de citron.

Institut de tourisme et d'hôtellerie du Québec

Ce soir, nous allons manger des tamales. Pour faire les tamales, on met du poulet et du riz dans une galette de maïs. On fait cuire tout ça à la vapeur dans une feuille de bananier. C'est mon plat préféré.

Les rots

Quand tu manges trop vite, tu avales beaucoup d'air avec tes aliments. Ton estomac se débarrasse de ces petites poches d'air en les renvoyant par ta bouche. Ça fait un curieux petit son de trompette, qu'on appelle un rot ou un renvoi.

Dans certains pays, les invités qui ne rotent pas après un bon repas sont considérés comme très impolis.

- Compare tes repas habituels avec ceux de Yohio, Adjoua et Marcella.
- Connais-tu des plats typiques d'autres pays ?

Sergio, Marguerite et Louise sont des athlètes comme moi ! Sais-tu ce que nous devons manger chaque jour pour nous tenir dans une forme olympique ?

Aliments olympiques

Sergio joue au hockey. Marguerite fait de la gymnastique. Louise fait de la marche rapide. Pour être en bonne forme, ces trois sportifs ont besoin d'aliments champions.

Pour grandir et développer leurs muscles, ils ont besoin de **protéines**. Voici les aliments qui contiennent le plus de protéines :

— la viande et le poisson;
— les œufs;
— le lait et le fromage;
— le maïs et les haricots.

Ils ont besoin de certains **minéraux**, comme le calcium et le potassium. Le calcium rend les os et les dents solides. Le potassium aide le sang à circuler dans le corps. Voici des aliments qui contiennent beaucoup de ces minéraux :

— le lait, le fromage, les haricots et les noix pour le calcium;
— les haricots, les fèves de soya, les avocats et les dattes pour le potassium.

Ils ont aussi besoin de sources d'énergie que leur corps peut utiliser rapidement. Cette énergie, ils la trouvent dans les **glucides**. Voici des aliments riches en glucides :

— les pâtes alimentaires;
— le pain;
— les pommes de terre;
— les céréales de blé entier.

- Imagine que tu sois responsable de l'alimentation d'une ou d'un athlète. Quels aliments vas-tu lui conseiller de manger et pourquoi ?
- Compose un repas équilibré pour Sergio, Marguerite ou Louise.

> Veux-tu devenir une ou un superchef ? Ce texte te dit comment inventer des sandwichs originaux et délicieux.

Roulés en couleurs

Invente une recette de délicieux sandwichs roulés. Combine des aliments que tu aimes pour que tes roulés soient bons au goût et pleins de belles couleurs.

Ingrédients

- des tranches de pain
- du fromage à tartiner ou du beurre d'arachide
- des garnitures variées : jambon, poulet, thon, pêches, pommes, bananes, abricots, ananas, noix, raisins, carottes râpées, avocats, céleri, etc.

Préparation

1. Passe un rouleau à pâte sur des tranches de pain brun ou blanc.

2. Étale sur le pain le fromage ou le beurre d'arachide.

3. Ajoute tes aliments préférés pour faire la garniture. Trouve des combinaisons originales, des mélanges d'aliments qui donneront un goût nouveau.

4. Enroule délicatement ton pain autour d'un bâtonnet de carotte, de céleri, d'asperge, etc.

5. Coupe ton roulé en deux ou en trois.

Invite tes amis à goûter à tes roulés. Échangez-vous les recettes les mieux réussies.

- Décris des roulés que tu aimerais préparer.
- Donne un nom aux roulés que tu as inventés.

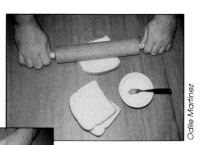

Odile Martinez

Toute la journée, Barbara n'a qu'une idée en tête. Quelle est donc cette idée qui la tracasse tant ?

Barbaraffamée

Barbara a toujours faim !
Même après avoir avalé un énorme déjeuner,
Barbara se demande : « Mes petits pains, où sont-ils passés ? »

Barbara a toujours faim !
Même si sa boîte-repas est pleine à craquer,
Barbara se demande : « Quatre bananes, est-ce bien assez ? »

Barbara a toujours faim !
Une fois assise dans l'autobus,
Barbara se dit : « Malheur ! J'ai oublié mes chocolats ! »

Barbara a toujours faim !
Quand elle sort pour la récréation,
Barbara se dit : « J'ai juste le temps de
manger mes bons beignets. »

Barbara a toujours faim !
Quand son ami Paul lui donne un gros sac,
Barbara le remercie
pour le beau sandwich géant.

Barbara a toujours faim !
Quand la cloche sonne,
Barbara prend peur : « Misère !
Je n'ai plus que
mes trous de beignets. »

Barbara a toujours faim !
Et la cloche sonne, sonne, sonne
Et sonne encore !

Tais-toi donc, vilain réveille-matin !
Je mangeais si bien !
D'ailleurs, j'ai une petite faim...

● Nomme tous les aliments que Barbara a mangés dans son rêve.
● Nomme des aliments qui font une bonne collation.

Calou et Marie ont écrit à des écoliers montagnais pour mieux connaître leur mode de vie. Les Montagnais répondent en lançant une invitation très spéciale. Quelle est cette invitation ?

Une invitation

Kuei, Marie !
Kuei, Calou !

Vous vous posez beaucoup de questions sur les écoliers montagnais ? Vous voulez parler de nous dans votre livre ? La meilleure façon de trouver la réponse à vos questions, c'est de venir nous visiter. Qu'en dites-vous ?

Votre voyage sera long et peut-être un peu fatigant. Nous, les Montagnais, nous vivons dans neuf communautés assez éloignées les unes des autres. Pour visiter nos amis de Matimekosh, par exemple, vous devrez parcourir environ 1500 km ! Mais le voyage en vaut la peine, mes amis.

Claudette Fontaine, coll. MÉQ

Pour vous aider, nous vous avons dessiné une carte. Vous devrez voyager en auto, mais aussi en train, en avion ou en hélicoptère, parce qu'à bien des endroits il n'y a pas de routes.

À bientôt !

Mali et Shushep,
Vos amis montagnais

François Frigon

P.-S. : Il y a encore beaucoup de belle neige par ici; on pourra faire des balades à motoneige !

- Quelle est l'invitation des écoliers montagnais ?
- Quels moyens de transport Calou et Marie vont-ils utiliser au cours de leur long voyage ?

Calou et Marie reviennent
tout juste de leur magnifique
voyage. Tout le monde a
hâte d'entendre leur récit
de voyage !

Voyage au Nitassinan

Marie et Calou ont
adoré leur voyage
au Nitassinan.
Ils ont appris un tas
de choses éton-
nantes. Ils montrent
leur album de
voyage aux amis
de l'école des
Papillons.

François Frigon

« Les écoliers montagnais sont comme nous », dit Marie.

« Mais il y a des différences », ajoute Calou.

Claudette Fontaine, coll. MÉQ

Une classe

Voici une classe de deuxième année
que nous avons visitée. Elle ressemble
beaucoup à la nôtre, mais il y a des
livres scolaires écrits en montagnais.
Dans plusieurs communautés,
les enfants parlent surtout le
montagnais à la maison. C'est leur
langue maternelle. Ils apprennent à
parler et à écrire le français à l'école.

La langue montagnaise

J'ai été impressionné par la longueur de certains mots montagnais.
C'est parce que, dans cette langue, on peut coller
des mots ensemble pour créer d'autres mots.
J'ai appris à écrire le mot « école » en montagnais.

KATSHISHKUTAMATSHEUTSHUAP

Il y a maintenant un dictionnaire montagnais-français.
Je vais apprendre beaucoup d'autres mots pour pouvoir
écrire à mes nouveaux amis.

ARRÊT
NAKAI

François Frigon

La famille montagnaise

J'ai passé la nuit chez mon amie montagnaise Mali. À la maison, il y avait le père et la mère de Mali, ses deux petits frères et aussi deux cousines qui vivent avec eux. Et Mathieu, le grand frère de Mali, vit dans la maison d'en face chez ses grands-parents. Chez les Montagnais, la famille, ce n'est pas seulement les parents et les enfants comme chez nous. La famille, pour les Montagnais, c'est aussi les oncles, les tantes, les cousins et cousines et les grands-parents.

Les fêtes et les jeux

Avec nos amis montagnais, nous avons fait de la motoneige, du patin et de la pêche sous la glace.

En mars, à Betsiamites, à Mingan et à La Romaine, c'est le temps du carnaval. Nous avons assisté à des tournois de hockey et de volley-ball. Nous avons aussi joué au bingo et à d'autres jeux de société. Les Montagnais aiment beaucoup jouer et rire ensemble.

François Frigon

Dégoûté et très en colère, le loup crache et court après le raton laveur pour le dévorer. Mais le raton a grimpé sur la plus haute branche d'un arbre.

Le loup se couche au pied de l'arbre. Il est sûr que le raton s'endormira sur sa branche et qu'il lui tombera tout cuit dans le museau. De son côté, le raton attend que le loup s'endorme pour se sauver.

Le loup finit par s'endormir. Le raton laveur descend prudemment de l'arbre et il couvre les paupières du loup avec sa crotte.

Lorsque le loup se réveille, il ne voit plus rien.

— Encore une plaisanterie du raton !

Le loup demande aux arbres de le guider vers la rivière pour qu'il puisse se laver les yeux. Mais le raton rusé se fait passer pour un arbre et il dit au loup :

— Te voilà dans l'eau. Continue d'avancer. Je te dirai quand tu pourras t'arrêter.

Le raton laveur laisse le loup avancer jusqu'au milieu de la rivière. Le pauvre loup essaie de revenir au bord, mais le courant est trop fort. Le loup est emporté à toute vitesse dans les rapides.

Le raton laveur est très content du tour qu'il a joué au loup.

— Ça lui apprendra à être moins hypocrite, se dit le raton. Il ne faut pas appeler son ami un animal qu'on veut dévorer !

Les Calous du Nitassinan

À Betsiamites, les amis ont expliqué à Calou que son nom se prononçait comme le mot montagnais « kalu ». Ce mot désigne une carte d'un jeu de cartes. Et dans les histoires écrites pour le cours de montagnais, un des personnages s'appelle Kalu. C'est un petit chien. Calou a même rencontré à Betsiamites un garçon qu'on surnomme Kalu. Calou était bien content de se retrouver avec autant de Calous !

- Toi, que penses-tu de ce conte ?
- Fais-toi lire d'autres contes et raconte-les à ton tour.

Voici un texte amusant qui te fera sourire et qui te rappellera que le 1er avril est la fête des poissons... de papier !

Poissons d'avril

Il y a des milliers d'espèces de poissons.

De la baleine (qui n'est pas un vrai poisson) à la sardine, il y a des poissons partout.

On les trouve dans les plus petits ruisseaux comme dans les plus immenses océans.

Mais les poissons les plus extraordinaires, ce sont les poissons d'avril.

Ils apparaissent tout d'un coup, le premier avril, avec plein de farces sous les écailles.

Ce jour-là, les grincheux sont chatouillés, les pleurnicheurs sont arrosés, les colériques deviennent tout verts et les timides, tout rouges.

Ce jour-là, il y a des farces pour tous les boudeurs, rouspéteurs, batailleurs et compagnie.

Et ça dure toute la journée !

Devinettes

Quel est le poisson le plus brillant ?

Quel est le poisson le plus souple ?

Quel est le fruit le plus dangereux pour les poissons ?

- Qu'est-ce qui distingue les poissons d'avril des autres poissons ?
- Invente une histoire dans laquelle un personnage joue un bon tour à un autre personnage.

Au printemps, en ouvrant leur chalet, les Dubois découvrent qu'une famille y a passé tout l'hiver. Qui sont donc ces mystérieux locataires ?

Les mystérieux locataires

Ça sent le printemps ! Les Dubois s'en vont faire le grand ménage dans leur petit chalet perdu au fond des bois. Olivier a hâte d'arriver !

C'est une vraie belle journée. Olivier aimerait bien faire un tour de canot avec Didier, son père, mais il doit d'abord aider ses parents à nettoyer le chalet d'un bout à l'autre.

Des indices

En entrant dans le chalet, la famille Dubois découvre qu'un intrus a déjà fait le ménage à sa façon... Les coussins et les matelas sont pleins de trous ! Et les rideaux de la cuisine aussi ! Dans l'armoire à provisions, madame Dubois trouve une boîte de céréales toute rongée !

— À mon avis, notre locataire indésirable appartient à la famille des rongeurs, dit le grand détective Didier Dubois. Je vais aller inspecter le grenier. Notre malfaiteur est peut-être caché là-haut.

Olivier pense soudain aux graines de tournesol qu'il a oubliées sur la commode à sa dernière visite. Il court aussitôt vers sa chambre. Évidemment, les graines ont disparu ! Le petit sac qui les contenait traîne sur le plancher, complètement vide.

On trouve les coupables

Tout à coup, Olivier entend un léger bruit qui semble venir de la commode. Doucement, il s'approche et ouvre le premier tiroir : il est vide. Il le referme lentement et il ouvre le deuxième : vide lui aussi.

Il ne reste plus qu'un seul tiroir. En faisant très attention, il tire et... qu'est-ce qu'il aperçoit ?

Une maman tamia avec ses quatre petits endormis dans un nid fait de bouts de tissu ! Olivier repousse délicatement le tiroir et va prévenir les autres de sa découverte.

Un déménagement

— Bien joué ! dit le grand détective Didier Dubois. Il ne reste plus qu'à déménager cette petite famille de tamias et à l'installer dans les bois, leur habitat naturel.

Qu'est-ce que vous en pensez, sergent-détective Olivier ?

— C'est ce qu'il y a de mieux à faire, répond Olivier, tout fier d'avoir résolu le mystère.

Détectives en herbe

Apprends à reconnaître les traces que les animaux laissent dans la neige ou dans la boue.

canard   hérisson   écureuil   gélinotte   lapin

● Quels indices ont guidé les détectives Dubois dans leur recherche ?
● Que va-t-il arriver à la famille de tamias ?

La famille Dubois est à la cabane à sucre. Madame Lavoie, la propriétaire de la cabane, explique à Olivier comment on fabrique les produits de l'érable. Lis ce qu'Olivier a appris.

La fabrication du sirop d'érable

La collecte de l'eau d'érable

Au début du printemps, les **acériculteurs** percent des trous de 5 centimètres de profondeur dans les érables. Ensuite, ils mettent des chalumeaux dans les trous.

La sève sucrée des érables tombe goutte à goutte dans des tuyaux qui relient tous les arbres de l'érablière.

L'eau d'érable qui coule dans les tuyaux est recueillie dans un gros réservoir : le **réservoir d'emmagasinage**.

La préparation du sirop d'érable

L'eau du réservoir est versée dans un **évaporateur**. C'est une espèce de gros fourneau dans lequel on fait bouillir l'eau d'érable.

En bouillant, l'eau d'érable s'évapore. Peu à peu, le liquide devient plus épais et plus sucré. L'eau d'érable se transforme en sirop d'érable. Il faut 40 litres d'eau d'érable pour faire un seul litre de sirop d'érable.

Si on continue à faire bouillir le sirop, on obtient de la tire d'érable, puis du sucre d'érable.

Qu'est-ce qui fait couler la sève ?

Pour que la sève d'érable coule bien, il faut des nuits de gel suivies de journées assez chaudes et ensoleillées. Ces températures se produisent entre le début du mois de mars et le milieu du mois d'avril. Si la température est trop froide ou trop chaude à cette époque de l'année, on récolte moins de sève. C'est une mauvaise année pour les acériculteurs.

- Qu'as-tu appris de nouveau sur la fabrication du sirop, de la tire et du sucre d'érable ?
- Pourrais-tu expliquer, toi aussi, la fabrication d'un produit ?

Les cocos, c'est bien plus beau que les œufs, nous dit l'auteure de ce texte amusant. Qu'est-ce qui rend les cocos si jolis ?

La ronde des cocos

Colorions les petits cocos
Petites mains agiles
Chatouillons avec le pinceau
Les petits cocos fragiles

Décorons les petits cocos
Sans casser la coquille
Pour les offrir en cadeau
Les beaux cocos qui brillent

Jaunes, roses, verts, bleus
Les cocos vont deux par deux
Jaunes et roses, verts et bleus
Les cocos sont bien plus beaux que les œufs

Un coco fleuri comme la robe d'Amélie
Que c'est joli !
Un coco picoté vert
comme le nez du chat Tibert
Quelle affaire !

Un coco couleur raisin
comme le chien de mon voisin
C'est très bien !
Mais deux cocos pareils
aux couleurs de l'arc-en-ciel
Quelle merveille !

Jaunes, roses, verts, bleus
Les cocos vont deux par deux
Jaunes et roses, verts et bleus
Les cocos sont bien plus beaux que les œufs

Colorions les petits cocos...

- Est-ce vrai qu'un coco, c'est bien plus beau qu'un œuf ?
  Pourquoi ?
- Colorie un coco et décris-le dans un petit poème.

Des œufs de toutes sortes

La poulette Coquette croit qu'elle est la seule maman qui pond des œufs. Mais non, Coquette, ce n'est pas vrai...

Les mamans autruches aussi pondent des œufs, les plus gros œufs du monde. Un œuf d'autruche peut mesurer 20 centimètres de long et peser jusqu'à 1,8 kilogramme.

Les œufs de colibris sont les œufs d'oiseaux les plus petits.

Les mamans crocodiles pondent des œufs. Elles cachent les œufs dans des trous au bord de l'eau. Elles recouvrent les œufs de terre pour les protéger. Si maman crocodile doit changer ses œufs de place, elle les transporte délicatement dans ses puissantes mâchoires sans les briser.

Les poissons pondent beaucoup de petits œufs qui flottent dans l'eau ou qui se déposent au fond de l'eau. Une morue peut pondre six ou sept millions d'œufs.

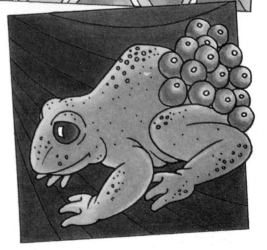

Tous les insectes pondent beaucoup d'œufs. La reine des abeilles pond jusqu'à 1500 œufs par jour. La termite femelle peut en pondre beaucoup plus, jusqu'à 30 000 œufs en une seule journée. Les œufs d'insectes contiennent beaucoup de jaune.

Ce crapaud n'est pas une maman. C'est un bon papa, le crapaud accoucheur. Quand la maman a pondu les œufs, le crapaud accoucheur les colle sur ses pattes arrière. Il s'occupe tout seul des œufs. Après trois semaines, les petits têtards sortent des œufs.

La poulette Coquette est un peu choquée d'apprendre que beaucoup d'animaux pondent aussi des œufs. Mais elle se console en se disant : « Je suis la meilleure pour pondre des œufs à omelettes ! »

- Où as-tu trouvé dans le texte la réponse aux questions ?
- Nomme les animaux qui pondent des œufs et vérifie tes réponses.

Calou a décidé qu'il
deviendra fermier plus tard.
En visitant la ferme des
Sabourin, il essaie de voir s'il
va élever des moutons, des
cochons, des vaches ou des
poules. Quel animal choisira-
t-il finalement ?

Puisque c'est comme ça...

Aujourd'hui, la classe de Calou visite la ferme de madame Sabourin.
Calou a décidé qu'il serait fermier plus tard. Il a mis son chapeau
de paille.

Des moutons ?

Calou dit à Marie : « Quand je
serai fermier, j'élèverai des moutons. Je les tondrai et je vendrai
leur toison pour faire de la laine.
Allons à la bergerie. »

Les moutons sont dehors dans
un enclos. En voyant Calou,
les moutons ont peur. Ils bêlent
et se mettent à courir partout.

Pauvre Calou ! Il ne sait pas que
les moutons ont peur des loups...
même des gentils loups comme
Calou !

Des moutons ou des cochons ?

« Puisque c'est comme ça, se dit
Calou, quand je serai fermier,
j'élèverai plutôt des porcs.
Allons à la porcherie. »

Tout le monde entre dans la
porcherie. Mais Calou ressort tout
de suite en se bouchant le nez.
L'odeur de la porcherie est
épouvantable.

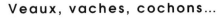

Des moutons, des cochons ou des vaches ?

« Puisque c'est comme ça, dit Calou, quand je serai fermier, j'élèverai plutôt des vaches. Je les trairai et je vendrai leur lait. Allons à l'étable. »

Madame Sabourin apprend à Calou à traire les vaches. Calou tire sur les trayons de la vache, mais il ne réussit pas à faire sortir le lait.
La vache est agacée. Elle donne un coup de queue à Calou. Surpris, Calou tord un trayon de la vache. Le lait lui gicle au visage. Calou est trempé. Tout le monde rit. Calou n'est pas content.

Des moutons, des cochons, des vaches ou des poules ?

« Puisque c'est comme ça, se dit Calou, quand je serai fermier, j'élèverai plutôt des poules. Elles pondront et je vendrai leurs œufs. Allons à la basse-cour. »

Calou caresse les poussins. Il lance du grain aux poules. Soudain, une oie fonce sur lui en poussant des cris terribles. L'oie pince Calou au derrière avec son bec. Calou se sauve en courant.
Il a eu la peur de sa vie !

Madame Sabourin emmène Calou à l'écurie. Bientôt, Calou ressort assis sur Brindille, un beau cheval noir.
« Puisque c'est comme ça, dit Calou, je ne serai pas fermier. Je serai cow-boy. »

Les conseils de Maxipou

Marcher à la campagne au printemps, c'est très agréable, mais il faut faire attention. Sur les chemins de campagne, il n'y a pas de trottoirs comme à la ville et les autos roulent souvent très vite.

Marche sur l'accotement, le plus loin possible de la chaussée. Marche toujours à gauche de la chaussée pour voir venir les autos devant toi. Si tu es avec des amis, marchez en file indienne.

● Qu'est-ce que Calou a décidé de faire ?
● D'où vient le titre de ce texte ?

Nos troupeaux de vaches produisent du bon lait qui va servir, entre autres choses, à faire du bon fromage. Mais sais-tu comment le lait devient fromage ?

La fabrication du fromage

La fabrication du fromage se fait en quatre étapes. Les voici.

Les Producteurs laitiers du Canada

1. Le caillage

Le lait est versé dans de grands bassins. On ajoute au lait des microbes, les **bactéries**. Les bactéries séparent l'élément liquide et l'élément solide du lait. Le solide du lait s'appelle le **caillé**.

2. L'égouttage

Il faut maintenant égoutter le caillé, c'est-à-dire séparer le caillé du petit lait.

L'égouttage est une étape importante et difficile. Si le caillé n'est pas assez égoutté, le fromage sera trop coulant. Si le caillé est trop égoutté, le fromage sera sec et cassant.

Les Producteurs laitiers du Canada

3. Le moulage

Quand le caillé est bien
égoutté, on le découpe
en gros morceaux.
On empile les morceaux
dans des bassins.

Ensuite, on passe les
morceaux de caillé
dans un hachoir. C'est
à cette étape qu'on
ajoute du sel à certains
fromages. Enfin, le caillé
haché est pressé dans
des moules.

4. L'affinage

Les blocs de fromage
sont placés dans de
grandes boîtes.
Les boîtes sont rangées
dans une salle d'affinage.
Le fromage mûrit dans
la salle d'affinage
jusqu'à ce qu'il soit prêt
à manger.

- Peux-tu expliquer dans tes mots comment on fabrique le fromage ?
- Quels autres produits de la ferme trouve-t-on à l'épicerie ?

Chez les Sabourin, on est fermiers de génération en génération. Madame Sabourin adore son métier. Mais qu'est-ce qu'elle aime tant dans ce métier ?

Mon métier

Mon métier, c'est le plus beau du monde, parce que je vis avec la nature. Chaque jour, beau temps, mauvais temps, je me promène sur mes terres. Je respire le bon air frais de la campagne, je nourris mes animaux, je les caresse. J'aime tellement les voir heureux.

Je travaille avec les saisons. Ce sont des amies que j'ai appris à reconnaître. J'aime le printemps qui sent la bonne terre chaude prête pour les semailles. J'aime l'été, avec son odeur d'herbes, de fruits et de fleurs. J'aime l'automne, le temps des récoltes qu'on engrange. Et j'aime aussi l'hiver, ce long sommeil de la terre.

Mon métier, c'est le plus beau du monde. C'est ce que je me dis chaque soir quand je bois le lait de mes vaches et quand je mange les légumes frais que j'ai récoltés.

Mon métier, c'est le plus beau du monde, parce qu'en le faisant bien, je sais que je nourris des centaines d'hommes, de femmes et d'enfants.

- Pourquoi madame Sabourin aime-t-elle son métier ?
- Pour toi, quel est le plus beau métier du monde ?

Dans l'histoire que tu vas lire, chaque animal de la ferme trouve qu'il est le plus important. Le fermier est bien embêté. Quel animal est le plus important pour lui ?

Le plus important...

Ce matin, le coq a crié la tête haute : « Je suis l'animal le plus important de la ferme. Si je n'étais pas là, le fermier ne pourrait pas se réveiller le matin ! »

« Le fermier pourrait s'acheter un réveille-matin, dit la poule en colère. Moi, si je ne pondais pas mes œufs, le fermier ne pourrait pas déjeuner. »

« Le fermier pourrait s'acheter un réveille-matin et manger des rôties, dit la vache en colère. Moi, si je ne donnais pas mon bon lait, le fermier n'aurait rien à boire. »

« Le fermier pourrait s'acheter un réveille-matin, manger des rôties et boire du jus de raisin, dit le cochon en colère. Moi, si je n'étais pas là, le fermier n'aurait ni bon boudin, ni bon jambon. »

« Le fermier pourrait s'acheter un réveille-matin, manger des rôties,
boire du jus de raisin et manger du poisson, dit le cheval en colère.
Moi, si je n'étais pas là, le fermier ne pourrait pas se rendre en ville.
C'est bien trop loin ! »

« Je pourrais m'acheter un réveille-matin,
manger des rôties le matin,
boire du jus de raisin,
manger du poisson plutôt que du boudin
et me rendre en ville en train »,
dit le fermier qui avait tout entendu de loin.

« Mais si je n'avais pas de coq, pas de poule, pas de vache,
pas de cochon, pas de cheval, je ne serais pas un fermier !
Tous mes animaux sont importants, du premier au dernier. »

- Es-tu d'accord avec le choix du fermier ?
- Qu'est-ce qui est spécial dans ce texte ?

Marie regarde son album de bébé avec sa maman. Elle y trouve toutes sortes de choses amusantes et intrigantes. Qu'est-ce qu'il y a donc de si intéressant dans cet album ?

La drôle de photo

Marie : Ce sont mes cheveux ?

Maman : Oui, Marie. C'est une mèche de tes cheveux. Bébé, tu avais les cheveux roux comme ceux de papa.

Marie : Et ça, c'est quoi ?

Maman : C'est une empreinte de ton pied à ta naissance. Tu vois comme il est petit !

Marie : Ce sont les premiers mots que j'ai dits ? C'est drôle !

Maman : Oui. Tu as dit « papa » à sept mois. Et voici la première question que tu as posée : « A c'est ça ? »

Marie : Et qu'est-ce qu'il y a sur les autres pages ? C'est écrit « Les grands moments ».

Maman : Ce sont les dates importantes de ton développement. On va les lire ensemble.

Marie : Bébé perce sa première dent à six mois.

Maman : C'est ça. Et voici ce qui est écrit ici : « Aujourd'hui, Marie a fait ses premiers pas, 11 mois ». Et regarde cette photo de ton premier anniversaire. Tu t'es barbouillé tout le visage avec ton gâteau au chocolat.

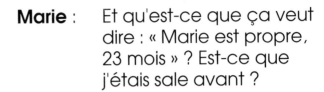

Marie : Et qu'est-ce que ça veut dire : « Marie est propre, 23 mois » ? Est-ce que j'étais sale avant ?

Maman : Non. Ça veut dire qu'on n'avait plus besoin de te mettre de couche.

Marie : Et c'est quoi, cette photo manquée ?

Maman : C'est une **échographie**. C'est une photo de toi dans mon ventre à quatre mois.

Marie : J'étais grosse comment à quatre mois ?

Maman : Tu étais toute petite. Veux-tu qu'on lise un livre pour voir comment tu as grandi dans mon ventre ?

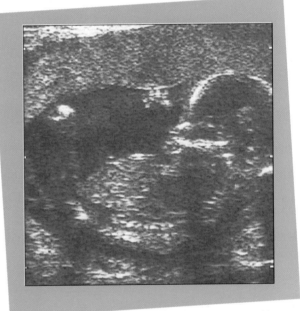

Photographier avec des sons

Une échographie, c'est une photo faite avec des sons. À travers le ventre de la maman, on envoie des ultrasons avec un appareil. Les ultrasons sont des sons très aigus que personne n'entend. Les ultrasons touchent les organes du bébé et sont renvoyés vers l'appareil comme un écho. Un ordinateur analyse les échos et les transforme en images.

- Qu'est-ce que tu trouves intéressant dans l'album de Marie ?
- As-tu des souvenirs de bébé ?

Que se passe-t-il quand le bébé est dans le ventre de sa mère ? C'est ce que j'explique à Marie.

Avant ma naissance

Au début, tu es une cellule microscopique dans mon ventre. La cellule provient de l'union d'un de mes ovules et d'un spermatozoïde de papa.

Après quatre jours, la cellule s'est divisée en 16 cellules : tu ressembles à une minuscule framboise !

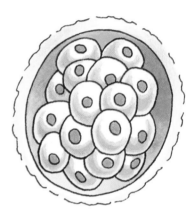

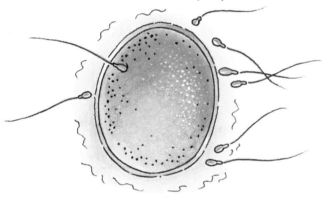

Après un mois, tu es déjà 10 000 fois plus grande que le premier jour de ta conception. On t'appelle un **embryon**. Tu ressembles plus à un têtard qu'à un humain ! Tu mesures 7 millimètres. Le sang circule dans tes veines et ton cœur bat. Ton cerveau, tes reins et ton foie sont en train de se former. Un cordon te relie à mon corps. C'est par ce cordon que tu te nourris.

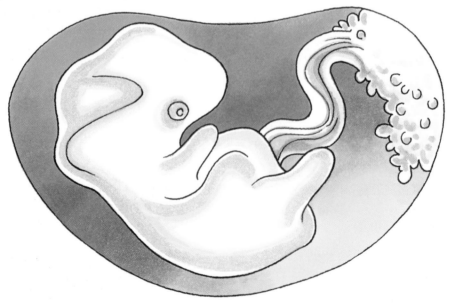

À deux mois, tu ressembles à un bébé miniature. Tu mesures environ 2,5 centimètres et tu pèses 2 grammes. Ton visage, tes membres, tes mains et tes pieds prennent forme.

Tu as trois mois. Tu es un **fœtus**. Tu pèses environ 28 grammes et tu mesures 7,5 centimètres. On pourrait déjà savoir que tu es une fille. Tes ongles, tes paupières et tes cordes vocales se forment.

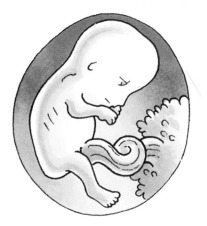

À quatre mois, tu pèses 170 grammes et tu mesures de 20 à 25 centimètres. Toutes les parties de ton corps sont formées. Je commence à te sentir bouger dans mon ventre.

À cinq mois, tu pèses entre 340 et 450 grammes et tu mesures environ 30 centimètres. Tes sourcils, tes cils et tes cheveux poussent. Tu peux sucer ton pouce. Tu entends les bruits de mon corps : mon cœur qui bat, mon estomac qui digère. Tu entends aussi les bruits de l'extérieur.

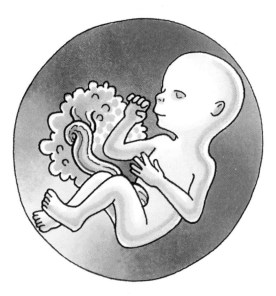

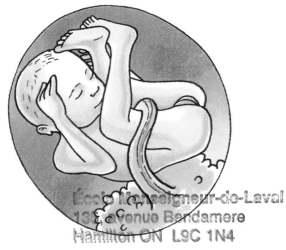

À six mois, tes yeux sont complètement formés. Tu pèses entre 570 et 680 grammes et tu mesures 35 centimètres. À sept mois, tu pèses plus d'un kilogramme. Tes réflexes sont développés.

À huit mois, tu commences à te sentir à l'étroit dans mon ventre; tu bouges moins. Environ une semaine avant ta naissance, tu ne grandis plus. Tu pèses environ 3 kilogrammes et tu mesures 50 centimètres.

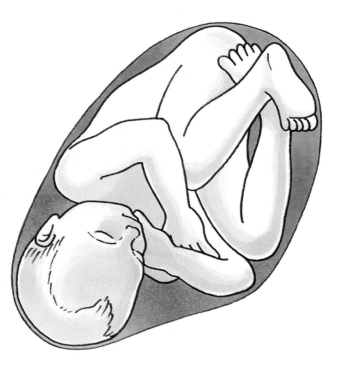

Naître deux fois

Une petite chenille sort de son œuf. Elle vient de naître. Elle mange beaucoup de feuilles et grossit très vite. Ensuite, elle s'enferme dans un cocon, une enveloppe dure qu'elle se tisse elle-même. Dans le cocon, la chenille se transforme. Bientôt, elle sortira de son cocon pour naître cette fois sous la forme d'un beau papillon.

● Qu'as-tu appris de nouveau sur les bébés ?
● De quoi avais-tu besoin quand tu étais bébé ?

« La vie de bébé, ce n'est pas toujours drôle ! » se dit bébé Loïc. Lis ce que pense Loïc et dis-moi si tu aimerais redevenir un bébé.

Dur métier de bébé

Je mets dans ma bouche tout ce que je touche. J'ai souvent de mauvaises surprises !

Je commence à marcher. Ce n'est pas facile. Pourquoi tout le monde rit quand je tombe sur le derrière ? C'est pas drôle du tout !

Papa change ma couche. Autour de moi, il y a les oncles et les tantes qui me regardent en se bouchant le nez. « Oh ! Que ça sent mauvais ! » C'est gênant !

Toute la famille est arrivée. On me donne des gros becs mouillés, on me fait des guili-guili, des grimaces, des chatouilles. Je suis épuisé ! J'ai hâte d'aller me coucher.

J'ai des choses importantes à dire, mais personne ne me comprend. Pourquoi n'y a-t-il pas de dictionnaire de langue bébé ?

C'est pas toujours drôle, le métier de bébé, mais la plupart du temps, c'est super !

Toute la journée, je joue pour apprendre toutes sortes de choses. Je travaille fort, moi aussi.

- Que pense Loïc de sa vie de bébé ?
- Est-ce qu'un bébé pense vraiment comme ça ?

Quelle histoire ! Mélange des gommboulous de Zazounie avec de la gomme à mâcher, et tu te retrouves avec de la zizanie. C'est quoi, ça ? Une nouvelle maladie ? Une sorte de pizza ?

Zizanie dans la classe de Gaby

Des invités mignons

Gaby a apporté à l'école un couple de petits animaux vraiment étonnants. C'est un cadeau de son oncle qui habite en Zazounie. Les deux bêtes sont minuscules, pas plus grosses que des souris. Avec leur museau noir, leurs oreilles rondes et leur longue crinière verte, elles ressemblent à des lions miniatures. Toute la classe est en admiration devant les invités, cachés au fond de leur cage.

— Comme ils sont mignons !

— Comme ils ont l'air gentils !

— Quelle sorte d'animaux est-ce donc ?

— Avec quoi est-ce qu'on les nourrit ?

— Ce sont des gommboulous, dit Gaby. Ils adorent la gomme à mâcher, mais on ne doit jamais leur en donner, sinon... c'est la zizanie !

Pendant la récréation, tout le monde parle des mignons gommboulous et voudrait en avoir un. Mais, de retour en classe, une surprise attend Gaby et ses amis...

Le désastre !

La cage est en mille morceaux. Dix, vingt, trente
gommboulous sautent partout en poussant des petits cris.

— Quel gâchis ! crie Gaby. Ils ont trouvé de la gomme !

— Youppi ! crient les autres. Il y a des gommboulous
   pour tout le monde !

Toute la classe est en désordre. Les gommboulous, agiles et espiègles
comme des singes, s'amusent comme des petits fous. Ils vident les
étuis à crayons pour goûter les gommes à effacer. Puis ils crachent
les morceaux sur les cahiers en faisant des grimaces.

Gaby est découragée. Elle essaie comme elle peut
d'arrêter les dégâts en criant des ordres.

— Fermez la porte et les fenêtres ! Ne les laissez pas s'échapper !
   Cachez toute la gomme à mâcher !

Ensuite, Gaby part chercher du secours.

Mais il est trop tard ! Un gommboulou a réussi à entrer dans le bureau
de la directrice. Et il a trouvé un gros paquet de gomme sans sucre
dans son sac à main.

Quand Gaby arrive au bureau de madame Dumont, d'autres nouveau-nés sont déjà en train de tout mettre à l'envers. Il y en a partout : sur le bureau, sur le plancher, sur la bibliothèque, sur le bord de la fenêtre... partout, partout, partout ! Madame Dumont est montée sur une chaise et elle crie au secours.

Le secret de l'oncle Joffy

En voyant le désastre, Gaby essaie de garder son calme. Elle prend le téléphone et appelle son oncle en Zazounie.

— Oncle Joffy ? C'est la zizanie, ici ! Qu'est-ce qu'on fait pour se débarrasser de trois cents gommboulous ?

— Pauvre Gaby ! Tous les bébés gommboulous se transforment en vieille gomme à mâcher en quelques heures s'ils ne peuvent plus se nourrir. Enferme-les dans un endroit sûr et ton problème se réglera tout seul.

— Merci pour le renseignement ! dit Gaby, très étonnée.

Gaby va tout de suite voir madame Dumont, qui décide de donner congé à tout le monde. « Quelle histoire ! », se dit-elle.

Le lendemain, comme prévu, le calme est revenu dans l'école. Mais la classe de Gaby a passé la journée à décoller les vieilles gommes collées partout sur les murs, les chaises, les pupitres...

Gaby renvoya les parents gommboulous en Zazounie et on n'en parla plus jamais. Mais depuis cette aventure, Gaby et toute sa classe détestent la gomme à mâcher...

● Raconte comment les gommboulous de Zazounie ont semé la zizanie partout dans l'école.
● Imagine qu'un écolier a apporté secrètement un gommboulou chez lui...

J'ai fondé le Club des écolous, le club des protec-teurs de la nature. Voici notre affiche; elle dit ce que tu dois faire si tu veux être membre du club. Veux-tu respecter nos règlements et devenir un écolou ?

Calou l'écolou et les trois R

1 Les écolous font attention aux arbres. Les arbres sont importants. Ce sont les poumons de la terre.

2 Les écolous observent les crapauds, les grenouilles et les couleuvres, mais ils ne les touchent pas. Ils laissent les animaux vivre en paix dans la nature.

3 Les écolous ne cueillent pas les fleurs sauvages. Les fleurs fournissent la nourriture de nombreux insectes utiles.

4 Les écolous économisent l'eau. Ils ferment bien les robinets. Ils ne se servent pas de la toilette comme d'une poubelle.

5 Avec les emballages, les écolous font de beaux bricolages. Ils ne gaspillent pas le papier. Ils écrivent ou dessinent sur les deux côtés des feuilles qu'ils utilisent.

6 Les écolous acceptent de porter des vêtements qui ne sont pas neufs. Ils respectent l'environnement en réutilisant tout ce qui peut encore servir.

- Quels sont les règlements du Club des écolous ?
- Qu'est-ce que ça veut dire, selon toi, les trois R ?

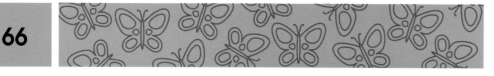

Calou a-t-il le pouce vert ? Quand Robert propose d'embellir l'école, Calou met beaucoup d'énergie à fleurir son carré. Aura-t-il les résultats qu'il espère ?

Une école fleurie

Quand Robert a proposé aux enfants d'embellir leur école avec des fleurs, tout le monde a accepté avec joie. Autour de l'école, Robert a tracé des carrés pour chaque enfant et le travail a commencé.

Calou a fait de son mieux, mais il n'a pas le pouce vert ! Il a planté de belles fleurs dans son carré, mais il les a trop arrosées. Les pauvres fleurs se sont noyées.

Calou ne s'est pas découragé. Il a semé beaucoup de graines. Il a ajouté beaucoup d'engrais et plein de vitamines. « Mes fleurs poussent enfin ! » se dit Calou, tout content. Mais avec tout cet engrais, ça pousse, ça pousse, ça n'arrête plus de pousser. Et ce n'est pas très joli. Le carré de Calou est devenu un jardin de mauvaises herbes géantes !

Calou ne s'est pas découragé. Il a arraché toutes les mauvaises herbes et il a semé d'autres graines, mais les oiseaux les ont toutes mangées.

Dans une semaine, c'est la visite des parents ! Autour de l'école, il y a maintenant de belles fleurs de toutes les couleurs... sauf dans le carré de Calou ! « Qu'est-ce que je vais faire ? se dit Calou. Voyons, je suis sûr qu'il y a une solution ! J'ai une idée ! »

Un soir, les enfants voient Calou faire de curieux bricolages dans son carré. Qu'est-ce qu'il veut faire avec ces bouts de bois, avec cette ficelle, avec ce grand bol ?

Le grand jour est arrivé. Tous les parents et les amis admirent les belles plantes. L'école des Papillons est l'école la plus fleurie du monde ! Et grâce aux cabanes d'oiseaux et aux mangeoires que Calou a fabriquées, il y a maintenant des oiseaux de toutes les couleurs autour de l'école.

« Mes fleurs à moi, elles volent dans les airs », dit Calou à Robert, tout content !

- Qu'est-ce que Calou a fait pour fleurir son carré ? Est-ce que ça a marché ?
- Toi, quelles fleurs aimerais-tu faire pousser ?

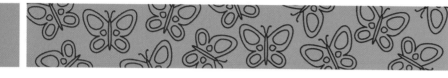

Vivaldi a passé l'hiver au Mexique. Maintenant, elle veut retourner au Québec. Vivaldi va-t-elle triompher de tous les obstacles pour revoir sa « maison d'été » ?

Le long voyage de Vivaldi

20 mars

Aujourd'hui, je quitte le Mexique. Comme tous les monarques, je dois entreprendre un long voyage vers le nord. Le nord, c'est le Québec, que nous appelons aussi « notre maison d'été ».

25 mars

Je survole maintenant les États-Unis. Je parcours plusieurs kilomètres par jour et je me repose la nuit pour reprendre des forces.

En Floride, j'ai rencontré une amie. Nous avons fait un bout de route ensemble.

30 mars

Aujourd'hui, je suis un peu triste, car mon amie a disparu. Pour me consoler, je me dis que beaucoup de monarques voyagent comme moi, en solitaires.

5 avril

La nuit dernière, j'ai bien cru mourir. Je me reposais sur une branche quand, tout à coup, j'ai été attaquée par un énorme oiseau ! En prenant mon envol pour échapper à mon ennemi, j'ai déchiré une de mes ailes. Me voilà donc blessée et perdue au milieu d'une forêt.

10 avril

Depuis cinq jours, je soigne mon aile. Je me déplace seulement pour aller cueillir le nectar des fleurs. Je guette le passage des monarques.

15 avril

Toujours rien en vue ! Les autres monarques sont sûrement déjà arrivés au bout du voyage. Je me sens triste et abandonnée. Ma seule consolation, c'est que mon aile est presque complètement guérie.

20 avril

Ce matin, un petit miracle s'est produit. Alors que je butinais près d'un cours d'eau, un grand cortège de monarques est passé au-dessus de moi. Sans attendre, je les ai suivis.

Nous serons peut-être les derniers à arriver en Gaspésie, mais nous aurons tout l'été pour profiter de vacances bien méritées !

- Qu'est-ce qui est arrivé à Vivaldi pendant le long voyage du retour ?
- Imagine que tu es un beau monarque et que tu pars pour le Mexique...

Le monarque est un papillon magnifique et passionnant à connaître. Si tu veux en savoir plus sur Vivaldi et la grande famille des monarques, consulte le texte qui suit.

Le *Danaus plexippus*

Danaus plexippus, c'est le nom compliqué que les scientifiques donnent au monarque. Le monarque est un papillon migrateur.

Insectarium de Montréal. R. Meloche

Insectarium de Montréal. C. Nagano

À l'automne, les monarques quittent le Québec pour entreprendre un long voyage de 4000 kilomètres vers le sud. Le monarque est un excellent planeur qui sait profiter des vents et des courants de l'air. Certains jours, il arrive à parcourir 30 kilomètres en dépensant très peu d'énergie.

Les monarques passent l'hiver dans une forêt du Mexique. La région est envahie par les beaux papillons orange. Il y en a partout sur les troncs d'arbres. À certains endroits, le sol est recouvert d'un tapis de monarques qui peut atteindre 10 centimètres d'épaisseur !

Au mois de mars, les monarques mâles et femelles s'accouplent. Les mâles meurent peu de temps après. Les femelles, elles, partent vers le nord. Elles pondent leurs œufs un à un sur leur plante préférée : l'asclépiade.

Les œufs pondus deviennent des chenilles, puis des papillons. Les nouveaux monarques montent à leur tour vers le nord en pondant aussi des œufs. Du Mexique au Québec, il y a quatre ou cinq générations de papillons qui se suivent. Il est très rare qu'une femelle partie du Mexique arrive chez nous. Ceux qui arrivent, ce sont les petits de ses petits. Les monarques vont passer tout l'été chez nous.

Les poisons volants

Si les papillons monarques ne sont pas souvent attaqués par les oiseaux, c'est parce qu'ils contiennent du poison. Un oiseau qui essaie d'avaler un monarque le recrache aussi-

Insectarium de Montréal

tôt, parce qu'il a un goût très mauvais. Ensuite, l'oiseau peut même vomir plusieurs fois. Il n'aura pas envie de recommencer son expérience de sitôt !

Si le monarque est un poison, c'est parce qu'il a mangé des asclépiades pendant toute sa vie de chenille. Ces plantes contiennent une substance qui est un poison pour tous les animaux, sauf pour la chenille du monarque.

● Quelles informations intéressantes as-tu lues sur le monarque ?
● Est-ce que tous les papillons qui partent du Mexique se rendent jusqu'au Québec ?

Luce reçoit des lettres de son amie Marie-Pierre qui voyage partout avec le cirque. Elle trouve son amie très chanceuse. Mais toi, crois-tu que Marie-Pierre est vraiment heureuse avec le cirque ?

Une enfant du cirque

Le 2 mars

Ce soir, je pars en tournée avec le cirque. Comme c'est excitant ! Je vais participer à un grand spectacle avec quarante artistes qui viennent des quatre coins du monde : de Russie, du Japon, du Brésil, de Chine... J'en ai envie et j'ai peur en même temps. Je vais t'écrire souvent, c'est promis.

Le 6 mars

Je n'avais jamais senti mon cœur battre aussi fort que ce soir ! J'avais un trac terrible. J'ai donné mon numéro de trapèze devant 2500 spectateurs. Le numéro a eu beaucoup de succès. Après, j'ai été interviewée par des journalistes. Pendant l'entrevue, j'ai aperçu mon acteur préféré dans la salle. Tu sais qui ! Je vais t'envoyer des photos du spectacle !

Le 23 avril

Ce soir, Luce, je m'ennuie ! Je m'ennuie de toi, de ma famille, de mon hamster. Je suis seule dans mon lit et je regarde mon album de photos de vacances. Ce soir, mes amis les clowns sont venus me réconforter. Ils ont tout fait pour me faire rire. Mais je pense que j'ai vu un peu de tristesse dans leurs yeux.

Le 28 avril

Dans ta lettre, Luce, tu me parles de
la magie du cirque. Pour moi, la magie
s'est envolée. Toutes les journées
se ressemblent. Je me lève à 10 heures,
je répète mon numéro encore et encore.
L'après-midi, j'étudie avec les autres enfants
du cirque, puis je me prépare pour le
spectacle. Je me couche vers une heure,
complètement épuisée. La voilà,
la belle magie du cirque !

Le 2 mai

Ce soir, j'ai complètement raté un de
mes mouvements et je me suis fait mal
à la cheville. J'ai eu honte de moi et j'ai
bien eu envie de tout laisser tomber.
Mais tous mes amis du cirque se sont mis
à m'applaudir très fort. Ils sont tous plus
âgés que moi et plusieurs ont déjà eu de
graves accidents. Ils m'ont félicitée pour
mon courage. J'étais très fière de moi !

Le 9 mai

Papa est venu me voir. Nous avons
passé deux journées fantastiques
ensemble. Demain, nous changeons
de ville. Je pense déjà à mon
numéro. Je le vois dans ma tête.
J'ai hâte d'entendre les rires et
les applaudissements. Quelle vie
merveilleuse, ma chère Luce !

● Est-ce que Marie-Pierre est heureuse quand elle est en tournée ?
● Imagine que tu es l'amie ou l'ami de Marie-Pierre et que tu lui écris à ton tour…

Tu as fait connaissance avec Marie-Pierre, une jeune trapéziste. Maintenant, tu vas rencontrer une maître de piste, France La Bonté. La maître de piste a un rôle très important sur la scène. Sais-tu pourquoi ?

Rencontre avec
France La Bonté, maître de piste

France, tu as travaillé près de quatre ans pour le Cirque du Soleil comme maître de piste. Qu'est-ce que ça fait, une maître de piste ?

La maître de piste est l'artiste qui présente chaque numéro du spectacle. Mais le personnage que nous avons créé avait beaucoup plus d'importance. J'étais un peu la « grande patronne » sur la scène. Il fallait que je fasse de l'animation et que je dirige les quarante autres artistes qui participaient au spectacle.

Est-ce que tu avais toujours rêvé de faire du cirque ?

Non. Jamais je n'aurais cru qu'un jour je partirais avec ma petite valise pour travailler dans un cirque ! J'étais comédienne. J'étais habituée à jouer devant le public. Mais je travaillais surtout avec ma voix, pas avec mon corps.

Elle a dû te servir beaucoup, ta voix, au cirque ?

Oui, et d'une façon assez spéciale. Pendant le spectacle, on parlait le « gromlo ».

C'est une langue qu'on s'est inventée en mettant des sons, des syllabes ensemble. Quand on parle le « gromlo », il faut transmettre son message seulement avec l'intonation et l'émotion, parce que les mots n'ont pas de sens.

Est-ce que ton rôle t'a demandé beaucoup de travail ?

Énormément. Au cirque, un numéro n'est jamais vraiment fini. On le perfectionne tous les jours. Quand je suis partie pour la tournée du spectacle, je travaillais à mon personnage depuis déjà trois mois. Une fois en tournée, j'ai dû faire trois heures de gymnastique par jour. J'ai suivi des cours de danse et j'ai travaillé ma respiration. Il faut être en excellente forme pour être sur scène pendant deux heures devant 2500 spectateurs !

Ce doit être difficile de travailler pendant des mois loin de sa famille et de ses amis !

Oui, et c'est pour ça qu'on devient très proche de tous ceux avec qui on travaille : les acrobates, les costumiers, les éclairagistes, les cuisiniers... Le cirque, c'est une grande école d'amitié. C'est dans l'amitié des gens du cirque qu'on trouve le plus d'énergie pour faire ce métier difficile.

Langue de clowns

Bixi le clown t'envoie ce drôle de message :

Cessez de m'épartouiller, bande de moufles, sinon je vous espanouille, je vous zouaille, je vous quinquette la flamoche, je vous motte les papis et je vous papusse la pispure avec une parpine de pouches et de ploches !

Qu'est-ce que tu pourrais lui répondre ?

● Pourquoi la maître de piste est-elle si importante ?
● Que doit-on apprendre pour être maître de piste ?

Métiers du cirque

Beaucoup de personnes contribuent par leur travail à monter un spectacle de cirque. Marie-Pierre nous présente des membres de la grande famille du cirque. Quel métier trouves-tu le plus important ?

Les clowns

Les clowns sont des personnages indispensables au cirque. Avec leur costume comique, ils amènent plein de couleur et de fantaisie, mais ils font surtout rire les spectateurs entre deux numéros. Il y a toutes sortes de clowns : des clowns maladroits, des clowns rusés, des clowns imbéciles. Les clowns sont des artistes qui savent un peu tout faire et qui ont beaucoup d'imagination.

Gracieuseté de GPA films. Patrick Jérôme

Les trapézistes

Les trapézistes travaillent dans les airs, au-dessus de la foule. Ils se tiennent à un trapèze. Un trapèze, c'est une barre horizontale soutenue par deux cordes. Seuls ou à deux, ils se balancent, se lancent d'un trapèze à l'autre, prennent des postures difficiles et très gracieuses.

Les acrobates et les jongleurs

Les acrobates font toutes sortes de sauts difficiles et de pirouettes sur le sol ou dans les airs. Les numéros des jongleurs sont aussi très impressionnants. Les jongleurs lancent en l'air en les faisant tourner des balles, des bâtons ou des quilles.

Gracieuseté de GPA films, Patrick Jérôme

Gracieuseté de GPA films, Patrick Jérôme

Gracieuseté de GPA films, Patrick Jérôme

Le chef d'orchestre et les musiciens

Au cirque, chaque numéro est accompagné de musique. La musique met de la gaieté et de l'atmosphère. Par exemple, le roulement de tambour annonce un exercice dangereux.
Un coup de cymbales indique la fin du numéro.
Dans les cirques, les chefs d'orchestre doivent diriger les musiciens en suivant tout ce qui se passe sur la piste.

Ceux qui travaillent dans l'ombre

Bien d'autres personnes sont essentielles dans un cirque. Il y a des personnes qui montent le chapiteau, qui préparent les costumes, qui maquillent les artistes, qui éclairent la piste et les artistes, qui placent les spectateurs dans les gradins, etc.

L'école de cirque

L'École nationale de cirque de Montréal est une des rares écoles du monde qui forment des artistes de cirque. Pour s'inscrire à cette école, il faut avoir au moins douze ans. Les enfants qui vont à cette école n'apprennent pas seulement à faire un métier du cirque. Ils apprennent toutes les autres matières scolaires, comme toi.

L'école donne aussi des cours d'initiation au cirque à des jeunes de neuf ans ou plus. Ces jeunes ne veulent pas gagner leur vie en faisant du cirque. Pour eux, le cirque est une forme de loisir.

- Qu'est-ce qui rend chaque métier du cirque important ?
- Quelles qualités doit-on posséder pour faire chacun de ces métiers ?

L'auteur de ce texte s'est servi des mots pour créer dans ta tête des images remplies de couleurs, de sons et de mouvements. Place au cirque !

Cirque magique

Cirque magique

Roulements de tambour
Et feux des projecteurs,
Les acrobates tourbillonnent sur la piste
Comme des hélices magiques,
Des pirouettes rouges et blanches
Plein les yeux.

Roulements de tambour
Et cris des spectateurs,
Les clowns maladroits
Culbutent cent fois sur la piste,
Des tonnerres de rires
Plein les oreilles.

Roulements de tambour,
Silences et souffles retenus,
Les trapézistes se balancent dans le vide
Et se rattrapent juste à temps,
Des volées d'applaudissements
Plein les mains.

Roulements de tambour
Et dernières mesures de l'orchestre,
Les artistes réunis sur la piste
Saluent le public,
Des éclairs de joie
Plein les cœurs.

● Qu'est-ce que tu vois et qu'est-ce que tu entends dans ce poème ?
● Imagine que tu fais partie du cirque et que c'est un soir de spectacle...

Les parents de Mélanie l'emmènent visiter leur nouvelle maison. Mélanie est très déçue, mais ses parents essaient de la consoler. Mélanie finira-t-elle par se laisser convaincre que c'est mieux de déménager ?

La surprise

Il a fallu faire au moins une heure d'auto pour arriver à la nouvelle maison. Mais la fameuse maison, c'est un gros carré de ciment avec un plancher dans un terrain boueux.
Mélanie n'en croit pas ses yeux !

— Mais ce n'est pas une maison, dit-elle à ses parents.
Il n'y a même pas de toit !

— Elle sera prête dans six ou sept semaines, Mélanie, lui dit son père. Viens voir le grand sous-sol. Ça va nous faire une belle salle de jeu.

Mélanie se dit qu'elle n'aura pas besoin d'une salle de jeu si elle n'a pas d'amis pour jouer.

— Il n'y a personne ici, papa, et je vais perdre tous mes amis de la ville. La nouvelle maison est bien trop loin de chez nous !

— Dans quelques mois, Mélanie, toute la rue sera pleine de garçons et de filles de ton âge. Et ici, tu pourras faire de la bicyclette dans la rue sans danger.

— Et l'école ?

— Elle est un peu loin, Mélanie. Tu ne pourras pas y aller à pied. Tu voyageras en autobus scolaire. Viens, on va aller la voir.

Il faut encore faire une dizaine de minutes en auto pour arriver à l'école. C'est une belle grande école toute neuve, c'est vrai. Et il y a un grand parc à côté et, plus loin, un gros bâtiment.

— C'est le centre sportif, Mélanie, lui dit sa mère. Dedans, il y a une immense piscine. On va pouvoir se baigner toutes les deux. J'ai hâte ! Et toi ?

— Et tu n'as pas vu le plus beau, Mélanie. On y sera dans quelques minutes. C'est là, derrière la colline.

Ça, c'était vraiment une surprise. Derrière la colline, Mélanie aperçoit une jolie rivière bordée d'arbres. De l'autre côté de la rivière, il y a un grand champ avec des chevaux et, au loin, une forêt. Mélanie ne pensait pas que la campagne pouvait être aussi proche de la ville.

Sur le chemin du retour, Mélanie réfléchit aux amis qu'elle va perdre en déménageant, à l'école toute neuve, à la nouvelle maison qui ne ressemble pas du tout à une maison. Elle revoit aussi ce joli coin de campagne où elle pourra aller à bicyclette. Elle ne sait plus trop quoi penser...

● Mélanie est-elle contente de déménager ?
● Dessine et décris la maison de Mélanie une fois terminée.

Que fait Calou près de la clairière ? Il attend ses amis pour le pique-nique de fin d'année. Mais des invités imprévus viennent gâcher le plaisir et Calou doit vite trouver une solution. Pauvre Calou ! Est-ce que ça va marcher ?

Le pique-nique qui pique !

Que fait Calou près de la clairière ? Il attend ses amis.
C'est aujourd'hui le grand pique-nique !

Enfin, voici l'autobus ! Et voici Robert, Marie, Félix et tous les autres !

— Comme c'est beau chez toi, Calou ! Moi aussi, j'aimerais vivre dans
   la forêt ! dit Marie.

Calou est content. Il emmène ses amis pique-niquer près du ruisseau.

Calou et Marie aident Robert à étendre la grande couverture.
On sort la nourriture : les sandwichs, les crudités, les fruits, les jus
et les biscuits.

— J'ai une faim de loup ! dit Robert.

— Et moi, j'ai une faim de Calou, dit Calou en mordant dans
   un gros sandwich au jambon.

Soudain :

— Aïe ! crie Marie, un moustique m'a piqué l'oreille !

— Ouille ! dit Félix, un moustique m'a piqué le nez !

— Aïe, ouille, aïe ! pleurniche Paquita, un moustique m'a piqué le nez, l'oreille et la cuisse !

— Je veux retourner chez nous, dit Félix. Ce n'est pas drôle d'être le pique-nique des moustiques !

— Je regrette, Calou, mais il vaut mieux rentrer, dit Robert en se grattant le cou.

Calou a le cœur gros, mais pas longtemps. Il dit à Robert et à ses amis : « Attendez. Ne partez pas tout de suite. J'ai une solution ! » Il sort son sifflet de sa poche. Il souffle dedans de toutes ses forces. Aussitôt, une volée d'hirondelles arrive. Les hirondelles fondent sur les moustiques et les avalent par dizaines.

Bientôt, il n'y a plus un moustique. Tout le monde rit. C'est bien fini le pique-nique qui pique. Vive le pique-nique comique ! Bravo Calou !

Pique, pique, gratte, gratte

Si les piqûres de moustiques nous font mal, ce n'est pas tellement à cause du dard qui entre dans notre peau. Ce qui nous fait surtout mal, c'est le liquide spécial que les moustiques femelles font couler dans notre peau pour que notre sang reste liquide. S'il n'y avait pas ce liquide, notre sang deviendrait tout de suite trop épais pour être bu par le moustique. Ce liquide provoque une rougeur et des démangeaisons chez la plupart des personnes.

● Comment Calou réussit-il à régler le problème ?
● Quelles précautions doit-on prendre quand on veut faire un pique-nique ?

Tu te rappelles les Zouzous ? En été comme en hiver, je dois les surveiller. J'ai décidé de les avertir tout de suite pour qu'ils ne soient pas imprudents pendant les vacances. Est-ce que j'ai bien fait ?

Zouzous bien avertis...

Dans la forêt, tout ce qui est rouge n'est pas bon à manger, ma pauvre Zoé ! Tu t'es gravement empoisonnée l'an dernier. Vas-tu encore manger des fruits que tu ne connais pas cet été ?

Tu voulais juste faire un petit feu, Zouk. Je t'avais bien dit de ne jamais jouer avec le feu. Tu ne m'as pas écoutée. Qu'est-ce qui s'est passé ?

Plonger, c'est très dangereux quand on ne sait pas ce qu'il y a au fond de l'eau. T'en souviens-tu, Zeb ? Que vas-tu faire cette année avant de plonger ?

Tu es partie seule dans la forêt, Zanzan. Tu t'es perdue. Qu'est-ce que tu serais devenue si je ne t'avais pas retrouvée ?

Et toi, Zonzon, vas-tu encore jouer à « pousse-à-l'eau » à la piscine avec tes amis ? Est-ce que c'était un jeu vraiment amusant ? Qu'est-ce qui est arrivé ?

● Les Zouzous ont-ils besoin de conseils ? Explique ta réponse.
● Qu'est-ce que tu penses que les Zouzous ont répondu à Maxipou ?

Les grands explorateurs

Tu te rappelles les Zouzous ? En été comme en hiver, je dois les surveiller. J'ai décidé de les avertir tout de suite pour qu'ils ne soient pas imprudents pendant les vacances. Est-ce que j'ai bien fait ?

Zouzous bien avertis...

Dans la forêt, tout ce qui est rouge n'est pas bon à manger, ma pauvre Zoé ! Tu t'es gravement empoisonnée l'an dernier. Vas-tu encore manger des fruits que tu ne connais pas cet été ?

Plonger, c'est très dangereux quand on ne sait pas ce qu'il y a au fond de l'eau. T'en souviens-tu, Zeb ? Que vas-tu faire cette année avant de plonger ?

Tu voulais juste faire un petit feu, Zouk. Je t'avais bien dit de ne jamais jouer avec le feu. Tu ne m'as pas écoutée. Qu'est-ce qui s'est passé ?

Tu es partie seule dans la forêt, Zanzan. Tu t'es perdue. Qu'est-ce que tu serais devenue si je ne t'avais pas retrouvée ?

Et toi, Zonzon, vas-tu encore jouer à « pousse-à-l'eau » à la piscine avec tes amis ? Est-ce que c'était un jeu vraiment amusant ? Qu'est-ce qui est arrivé ?

● Les Zouzous ont-ils besoin de conseils ? Explique ta réponse.
● Qu'est-ce que tu penses que les Zouzous ont répondu à Maxipou ?

Bien installé dans leur hamac, Calou et Marie discutent de ce qu'ils feront plus tard. Chut ! Ne fais pas de bruit et écoute les projets des deux amis.

Les grands explorateurs

Calou et Marie se disent qu'ils visiteront aussi le pôle Nord.
Ils en profiteront pour aller voir le père Noël et ses lutins. Ensuite,
avec les Inuits, ils feront de longues randonnées en traîneaux
à chiens au soleil de minuit.

Calou et Marie regardent le ciel en rêvant à toutes les belles aventures qu'ils vivront ensemble. En admirant les étoiles, ils se disent qu'une fois qu'ils auront fait le tour de la terre, ils iront explorer les planètes les plus lointaines...

● Quels sont les projets de Calou et de Marie ?
● Si tu partais avec eux, où aimerais-tu aller ?

88

médaille — aille

abeille — eille

feuille — euille

famille — ille

chandail — ail

soleil — eil

écureuil — euil

grenouille — ouille

tunnel — el

escargot — es

hamster — er

alphabet — et

yoyo — y=ll

pomp**ier**	magic**ien**	l**ion**
ier	ien	ion
tr**ain**	pl**ein**	m**oins**
ain	ein	oin
p**om**pon	t**im**bre	t**am**bour	**em**brasser
om	im	am	em

Les supertrucs de Marie

Pour me rappeler comment orthographier un mot

1 **J'entre le mot dans ma mémoire.**

● J'épelle le mot pour me rappeler chaque lettre.

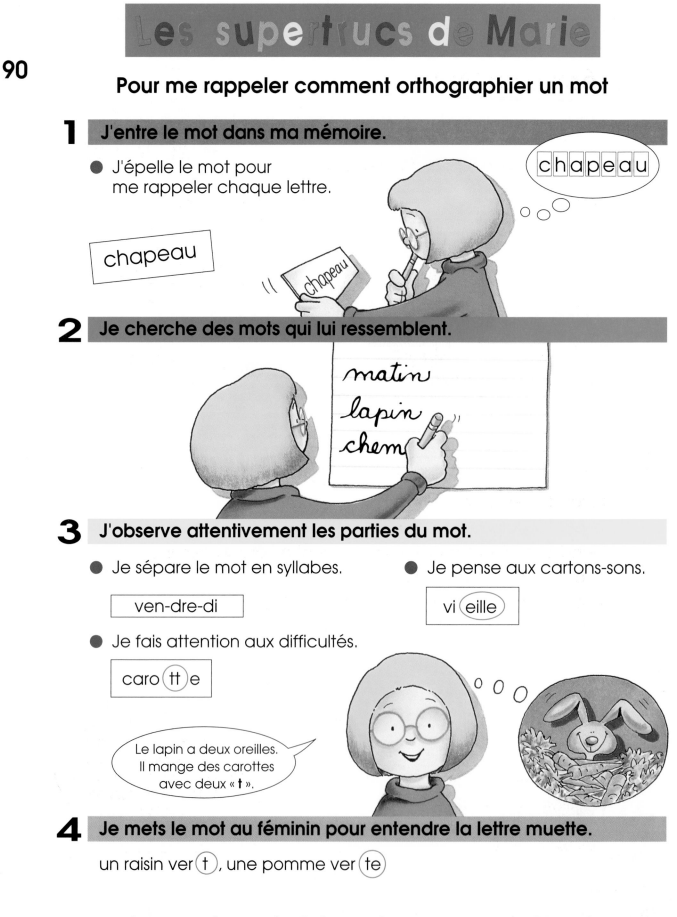

2 **Je cherche des mots qui lui ressemblent.**

3 **J'observe attentivement les parties du mot.**

● Je sépare le mot en syllabes.

ven-dre-di

● Je pense aux cartons-sons.

vi eille

● Je fais attention aux difficultés.

caro tt e

Le lapin a deux oreilles.
Il mange des carottes
avec deux « t ».

4 **Je mets le mot au féminin pour entendre la lettre muette.**

un raisin ver t , une pomme ver te

Le supertruc, c'est de partager nos supertrucs !

Les conseils de Robert

pour écrire un texte

1 | **Prépare-toi à écrire.**

- Demande-toi pourquoi tu veux écrire.

- Pense bien à ce que tu vas écrire et choisis tes idées.

Ça y est ! Ma tête est maintenant pleine de bonnes idées.

2 | **Écris toutes tes idées.**

- Quand tu écris une phrase,
  - — écris tous les mots en ordre.
  - — indique où commence la phrase et où elle se termine.
  - — cherche les bons mots.
  - — orthographie les mots du mieux que tu le peux.
  - — forme bien tes lettres et sépare tes mots.

Est-ce que j'ai oublié d'écrire une idée ? Je vais le vérifier en relisant mon texte.

Je ne sais pas comment ce mot s'écrit. Je fais une marque pour me faire penser à vérifier son orthographe plus tard.

3 | **Révise ton texte et corrige-le.**

1 Vérifie si tes idées sont en rapport avec le sujet.

> Marie, je vais te lire mon brouillon.

2 Relis toutes tes phrases pour vérifier si elles sont correctes.

3 N'oublie pas d'indiquer le début et la fin de chaque phrase.

> As-tu mis une majuscule au début et un point à la fin de chaque phrase ?

4 Vérifie si tu as employé les bons mots.

> Je remplace les mots qui ne sont pas corrects.

5 Vérifie si tu as bien orthographié les mots.

> Je révise mes mots et je les corrige. Je consulte mon aide-mémoire.

> Ajoute un « s » aux mots qui en ont besoin. Mets une majuscule au nom des personnes.

6 Assure-toi que tes lettres sont bien formées et que tes mots sont bien séparés.